LA VIDA EN

LAS MONTAÑAS

Escrito por Catherine Bradley

Consultor Roger Hammon
Director de Living Earth

CHANHASSEN, MINNESOTA • LONDON

Publicado en Estados Unidos y Canadá
Two-Can Publishing
una division de Creative Publishing International, Inc.
18705 Lake Drive East
Chanhassen, MN 55317
1-800-328-3895
www.two-canpublishing.com

Edición en español por Susana Pasternac

ISBN 1-58728-979-2 (HC)
ISBN 1-58728-972-5 (SC)

4 5 6 7 8 9 08 07 06 05 04 03

Impreso en Hong Kong

Creditos para la fotografía:
p4-5 Bruce Coleman/Dieter & Mary Plage p.7 (arriba) Bruce Coleman/Steve Kaufman (abajo) Bruce Coleman/C.B. & D.W. Frith p.8 (izq.) ZEFA/Ned Gillette (centro) London/Ian Beames p.8 (der.) Bruce Coleman/Stephen J. Krasemann p.10 (izq. abajo) Ardea, London/Francois Gohier (der. arriba) Ardea, London/Kenneth W. Fink (der.) Bruce Coleman/Steve Kaufman p.14 Bruce Coleman/C.B. & D.W. Frith p.15 (arriba) Survival Anglia/Richard & Julia Kemp (abajo izq.) Ardea, London/Eric Dragesco (abajo) Ardea, London/Kenneth W. Fink p.15 (arriba) Hutchinson Library p.17 Ardea, London/Richard Waller p.18 (abajo izq.) Ardea, London/S. Roberts (der.) Hutchison Library/ZEFA p.20 Bruce Coleman/Hans Reinhard p.21 Bruce Coleman/Dieter & Mary Plage p.22 Bruce Coleman/Gerald Cubitt p.22 Bruce Coleman/M.P. Price

Portada: Bruce Coleman/Wayne Lankinen. Contraportada Ardea, London/Eric Lindgren.

Ilustraciones por Michaela Steward. Historia escrita por Claire Watts, Editada por Monica Byles.

CONTENIDO

EN LAS MONTAÑAS

Por encima de valles y llanos se levantan las gigantescas montañas del mundo. Las hay de tipos y dimensiones diferentes. Pueden ser crestas escarpadas, picos nevados, volcanes humeantes o simplemente verdes y fértiles islas.

Una gran y original variedad de animales, plantas y gente han adaptado sus vidas a sus escarpadas y rocosas laderas. Incluso ciertos insectos viven en sus pasturajes. Algunos, como las pulgas del glaciar, logran sobrevivir en el hielo y la nieve.

EL CORAZÓN DE LA TIERRA

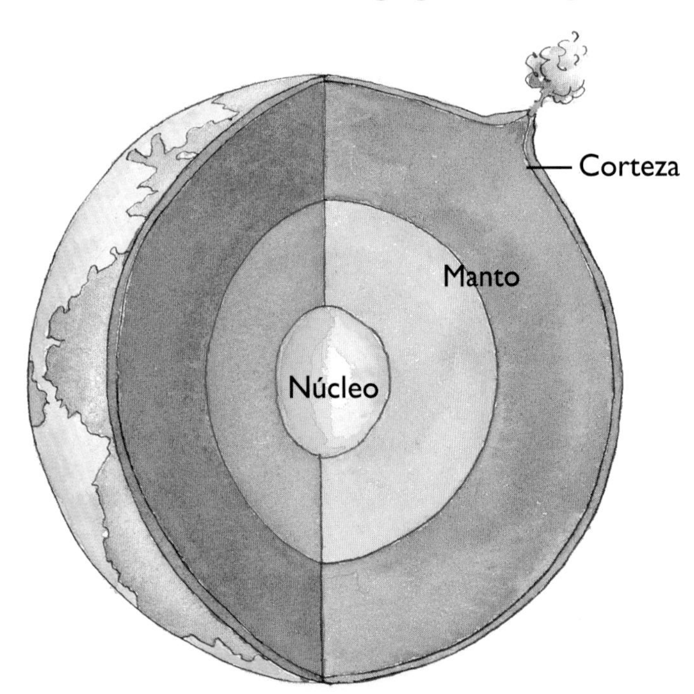

La Tierra es como una cebolla. Está formada de diferentes capas de rocas. El **núcleo**, o centro de la Tierra, está formado de hierro y níquel. Alejándose del centro, la capa que sigue es el **manto**, una apretada banda de rocas de unos 3.000 kilómetros de espesor. Nosotros vivimos en la capa más externa y fresca, la **corteza**, que en algunos lugares llega a tener 50 kilómetros de espesor.

Cerca de la corteza, las rocas del manto están fundidas por el gran calor. Estrujada por todos sus costados, esa roca líquida se desplaza. Allí donde la corteza es débil, la lava sale y forma las montañas llamadas volcanes.

Muy pocas montañas se elevan solitarias en medio de un llano. Generalmente forman parte de una cordillera o larga cadena de montañas como los Andes, que corren a lo largo de la costa oeste de América del Sur. Durante millones de años, a medida que la superficie de la Tierra cambiaba, nuevas montañas se fueron formando lentamente al tiempo que las más ancianas se desgastaban.

En este libro veremos principalmente las numerosas formas de vida en las grandes montañas del mundo.

▼ El monte Everest, en el Himalaya, es la cumbre más elevada del mundo, con una altitud de 8.848 metros. El Himalaya es la cadena de montañas más reciente. Tiene 2.400 km de largo y un promedio de 6.000 m de altitud.

FORMACIÓN DE LAS MONTAÑAS

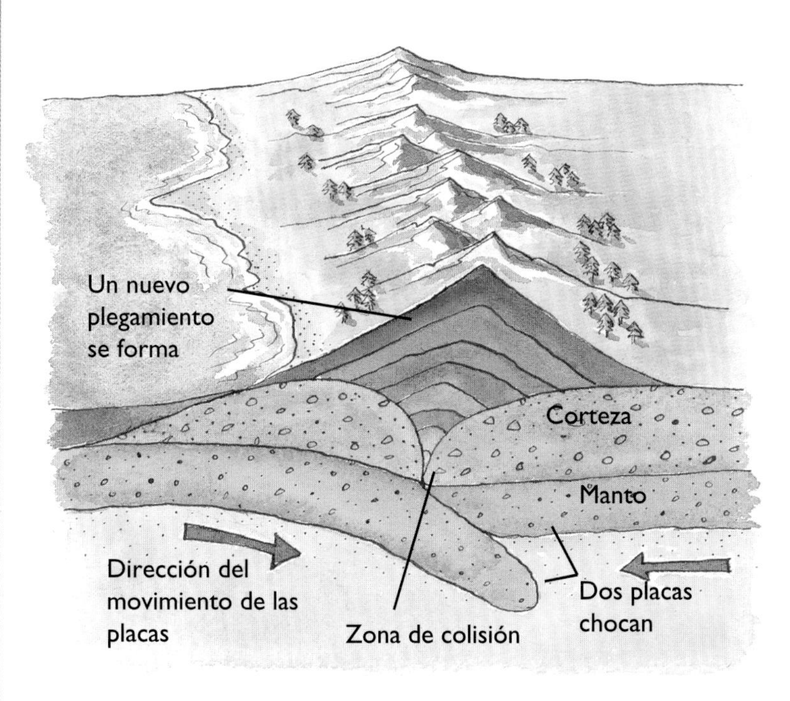

Grandes áreas de la corteza terrestre, llamadas **placas**, se mueven lentamente alrededor de la superficie de la Tierra. Los océanos y los continentes se mueven sobre las placas. Hace mucho tiempo las placas estaban unidas y sus bordes encajaban como las piezas de un rompecabezas.

Algunas veces las placas chocan y causan terremotos. En sus bordes las rocas se levantan formando **pliegues montañosos** o se separan formando valles.

Una placa puede hacer que el borde de la otra se hunda, mientras que las rocas de su borde se elevan lentamente para crear una nueva cadena de montañas.

¿DÓNDE EN EL MUNDO?

Se puede decir que es montañosa toda área que se eleva a 300 m por encima de tierras llanas. Las montañas cubren un quinto de la superficie terrestre. Los continentes de Australia y África tienen muy pocas montañas, mientras que Asia posee enormes áreas montañosas en toda su extensión.

Las montañas submarinas también forman parte del subsuelo de los océanos. Hawai es la parte más alta de un volcán submarino.

Las montañas de bloques tienen una cumbre ancha y plana llamada **meseta**. Estas montañas se forman cuando bloques de roca afloran entre dos fallas impulsadas por la roca líquida del manto. Las fosas tectónicas (Rift Valleys) se forman cuando la roca cae dentro de una falla en la corteza.

▼ Este mapa muestra las principales cadenas montañosas. Las más jóvenes, los Alpes, los Rockies, los Andes y el Himalaya son montañas de plegamiento. Las Highlands en Escocia, el Atlas, y los montes Apalaches, el Drakensberg, los Urales y los Pirineos son más ancianos y se han ido desgastando con el clima durante millones de años.

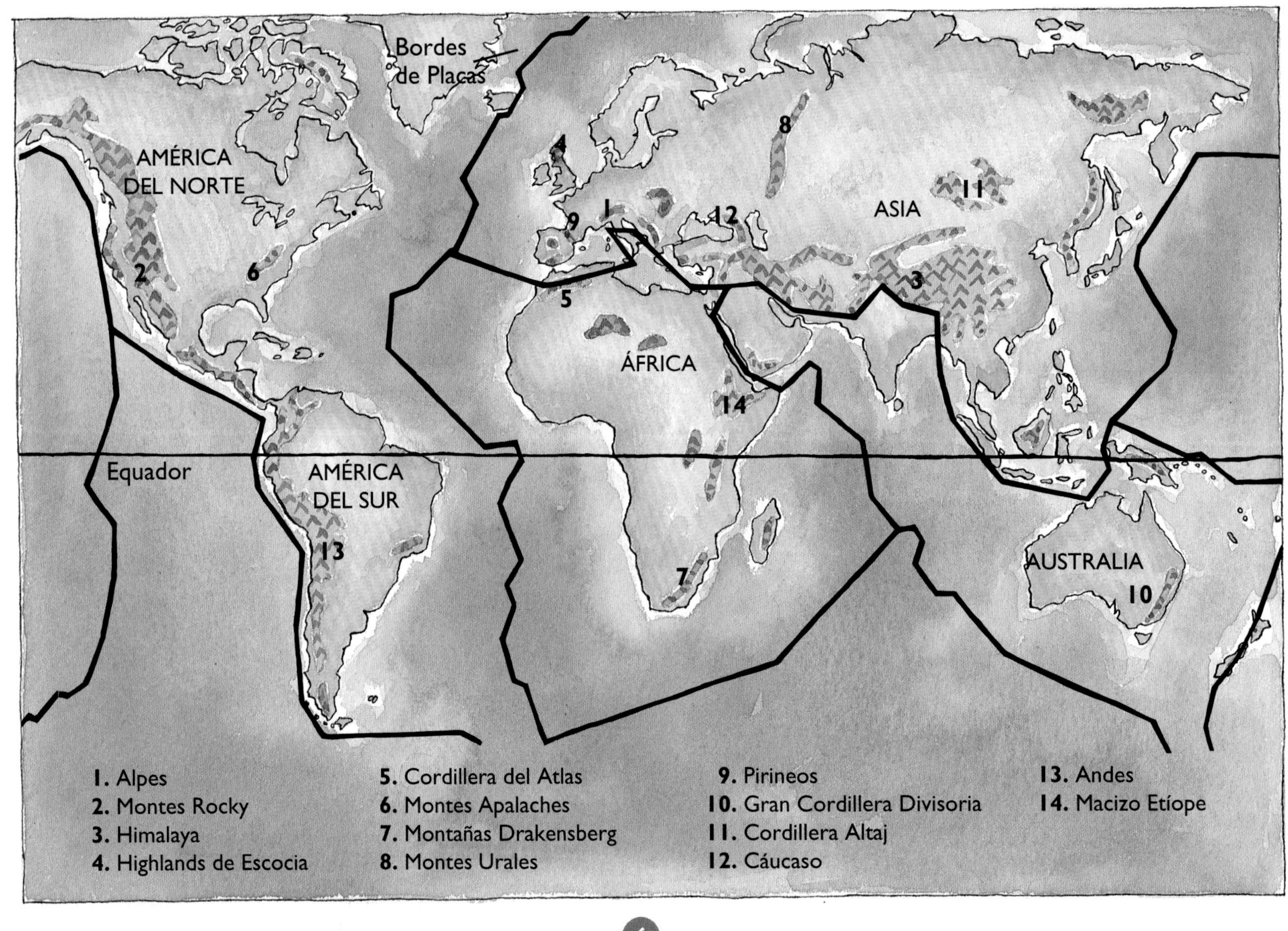

◀ El monte Augustine es una isla volcánica activa situada en la costa de Alaska, USA. En 1986 hizo erupción lanzando cenizas y gases por su cráter.

▼ Extrañas montañas de piedra caliza se elevan junto al río Guilin Li, en China. La piedra caliza es blanda y es gradualmente desgastada por los vientos o disuelta por las lluvias. Con los años, estas poco comunes montañas fueron tomando formas extrañas.

HIELO, NIEVE Y LLUVIA

Las montañas cambian continuamente. Con los años, las fuertes lluvias pulen los bordes rocosos y forman ríos. Con el tiempo, éstos tallan profundos canales en forma de V o valles en las faldas de las montañas.

El hielo y la nieve también cambian la forma de las montañas. En las alturas hay menos aire para atrapar el calor de los rayos del Sol. El frío es intenso y muchas de las cumbres del mundo quedan cubiertas de un espeso manto de hielo y nieve durante todo el año.

LLOVIZNAS

Las nubes cargadas de lluvia llegan a tierra desde el mar y descargan su humedad cuando encuentran el aire frío de la montaña. La faz de la montaña opuesta al mar recibe una pequeña llovizna y a este fenómeno se le llama *rain shadow*.

▲ Algunas veces la nieve se vuelve muy pesada y se desliza por las laderas creando **avalanchas**.

▶ El hielo puede formar ríos que avanzan lentamente llamados glaciares. La erosión disuelve las piedras y las rocas o desgasta las montañas formando valles en U conocidos como valles glaciares. El glaciar se va derritiendo a medida que baja de las frías cumbres a zonas más calientes. Éste es el glaciar John Hopkins, en Alaska, USA.

▼ Muy a menudo, las fuertes lluvias aflojan la tierra de una montaña produciendo desprendimientos. Los fuertes vientos también pueden desplazar rocas y tierra y cambiar su forma. Algunas veces, las pesadas rocas y la tierra se derrumban por las faldas de la montaña destruyendo edificios e hiriendo a la gente.

ÁRBOLES Y PLANTAS

A grandes **altitudes**, las plantas sobreviven con gran dificultad al frío y a la falta de agua. Las plantas que crecen en una ladera protegida son muy diferentes a las que están expuesta a los vientos helados.

En el hemisferio norte, tanto los árboles **caducos** como las **coníferas** crecen en las partes más bajas de sus laderas. Más arriba, los árboles caducos o deciduos se hacen raros y las coníferas crecen más espesas. Pero pocas coníferas crecen pasando el **límite de los árboles**. Por encima de él, las condiciones se hacen muy duras y los árboles no pueden sobrevivir. Esta zona varía con la **latitud** y las condiciones climáticas locales. Las montañas alejadas del **ecuador** son más frías y el límite de los árboles es más bajo.

En las regiones tropicales, una densa selva crece en las zonas bajas, mientras que espesos bosques de vegetación **siempre verdes** proliferan en las faldas más altas de las montañas.

▲ Un pequeño pino Ponderosa se aferra a la piedra de la escarpada cuesta. Sus hojas en forma de agujas cerosas contienen muy poca agua que pueda congelarse y su forma permite que la nieve se desprenda de sus ramas y no destruya al árbol.

◀ Cojines de hierbas, musgo y líquenes crecen en el delgado suelo rocoso de las zonas más elevadas. A nivel del suelo se encuentran protegidas del viento. Todo tipo de vida vegetal se detiene en el **límite de las nieves perpetuas**.

▶ Durante el verano, los prados de las altas regiones de los Alpes europeos están cubiertos de una espesa alfombra de flores. Estas plantas resisten al viento y al frío. Sus ramas, de apenas unos centímetros de altura, se doblan ante el viento y sus raíces las mantienen firmemente adheridas al suelo. Los pétalos son de colores vivos y atraen a los insectos que allí viven.

▼ Esta lobelia crece en el monte Kenya. Con sus cabellos atrapa el aire para mantener el calor y tiene unas espigadas flores azules. Puede llegar a medir 8 cm.

CUADRO DE PLANTAS

En el hemisferio norte, los árboles caducos y las coníferas crecen en las zonas bajas de la montaña. Por encima, sólo sobreviven las coníferas. Pasando el límite de los árboles, sólo crecen arbustos, hierbas y flores.

SIEMPRE CALENTITOS

Los animales de la montaña tienen pelo largo sobre una espesa capa de piel que mantiene el calor de su cuerpo. En general, son más grandes que sus parientes de los valles y llanos. Algunos, como las ovejas salvajes y las cabras se alimentan en las alturas durante el verano y descienden durante el invierno. Los más pequeños, como las marmotas alpinas y las liebres de montaña de Europa y Asia, se alimentan en los prados más altos. Las marmotas se aprovisionan durante el verano e **hibernan** durante ocho meses, perdiendo una cuarta parte de la reserva de grasa de su cuerpo.

Numerosos **predadores** recorren la montaña. En el Himalaya, el leopardo de las nieves vive al límite de las nieves perpetuas y se alimenta de animales de pastoreo. En Europa abundan los animales cazadores como los lobos y los linces.

▲Las cabras de la montaña tienen pezuñas duras y afiladas que les sirven de pinzas para agarrarse a la roca cuando saltan por las escarpadas y resbalosas cuestas en busca de alimento.

DATOS SOBRE ANIMALES

● En las montañas de Europa, Asia y Norteamérica las picas o liebres silbadoras se alimentan de hierbas y otras plantas y pasan el verano almacenando comida para el invierno.

● El conejo de las nieves y la liebre de montaña se vuelven blancos en el invierno para ocultarse en la nieve. Esta forma de protección contra los predadores se llama **camuflaje.**

▶ El puma norteamericano vive durante el verano cerca de las nieves eternas. Los pumas, como los osos pardos y los linces cazan cabras y otros animales de pastoreo.

▼ En las Highlands de Shiga, en Japón, los macacos han aprendido a mantener el calor del cuerpo en las aguas termales de la zona. Cocinan sus verduras en sus aguas hirvientes antes de comerlas. En la foto, un mono se saca las pulgas y las garrapatas del pelaje.

A SALTOS Y BRINCOS

Los animales que viven en las vertientes opuestas de las cordilleras muy a menudo no están relacionados entre ellos. Algunos pájaros e insectos logran vencer la altitud y cruzan la montaña. Esos pájaros tienen plumas espesas y pulmones robustos para volar a tales alturas. Entre los pájaros bien equipados se encuentran los ánsares campestres que emigran en el invierno de Siberia a la India.

Entre los grandes rapaces que viven cerca de los picos de las montañas están el gigante cóndor de los Andes, el quebrantahuesos y el águila dorada. También hay aves más pequeñas que permanecen cerca del suelo como la chova piquirroja de Europa y Asia. Estos pájaros se alimentan de insectos, mariposas y plantas de la montaña.

DE ALTO VUELO

La mariposa Apolo vive en algunas de las montañas más altas de Europa y Asia y sólo vuela cuando calienta el sol. Cuando éste se oculta detrás de una nube, la Apolo se deja caer al suelo para conservar energía. La ley la protege ahora contra los cazadores de mariposas en la mayoría de su hábitat en Europa.

◀ El saltamontes tiene aletas rígidas allí donde supo haber alas. Estos insectos, como las mariposas, que vuelan en un punto fijo permanecen cerca del suelo para que no se los lleve el viento. Algunos insectos pueden llegar a sobrevivir al límite de las nieves perpetuas.

▶ En los Pirineos franceses un urogallo pavonea en la nieve buscando pareja. Su llamada se caracteriza por una serie de chasquidos estridentes. El urogallo se alimenta sobre todo de ramitas y piñas de pino. Es el más grande de la familia de los guacos.

▲ El quebrantahuesos hace nido en las cumbres. Es un ave rapaz de grandes dimensiones originario de Europa, Asia y África que se alimenta mayormente de animales muertos. La mayoría de las otras aves no pueden sobrevivir en el frío.

▶ El colibrí de los Andes se vuelve lento con el frío de la noche. Este es un colibrí de cola colorada.

GENTE DE LA MONTAÑA

Los llaneros se cansan rápido a gran altitud. En las tierras bajas hay poco oxígeno y hace mucho frío. En cambio, los montañeses se han adaptado a sus duras condiciones. Los habitantes de Bután, en el Himalaya, tienen el corazón, el pulmón y las ventanas de las narices más grandes para poder absorber el oxígeno. Viven de robustos bueyes montaraces que les proveen con carne, leche, mantequilla, lana, piel y transporte.

En regiones, como los montes Rocky, los Alpes europeos y Escandinavia, los granjeros pastorean en las montañas las ovejas y el ganado lechero. Muy a menudo, los animales pasan el invierno en establos situados en los valles y durante el verano suben a engordar con los ricos pastos de la montaña.

▲ Una mujer afgani vestida de vivos colores ordeña su cabra en el Hindu Kush.

▶ Un animado mercado tiene lugar en Namche, la capital sherpa de Nepal. Los granjeros sherpas crían animales y practican el comercio. Muy a menudo se ofrecen como guías y cargadores de las expediciones de montañismo.

DATOS HUMANOS

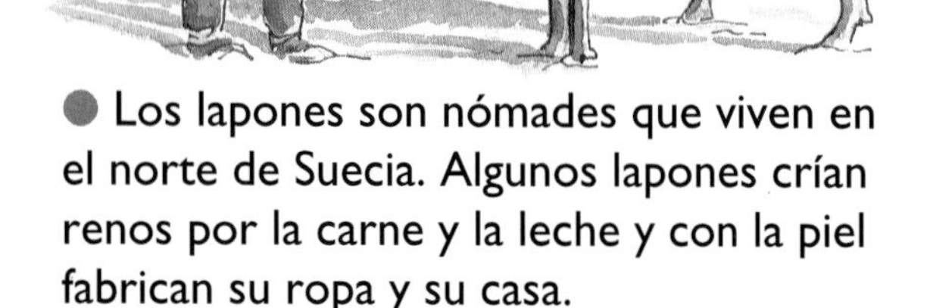

● Los lapones son nómades que viven en el norte de Suecia. Algunos lapones crían renos por la carne y la leche y con la piel fabrican su ropa y su casa.

● Los pueblos andinos de América del Sur crían llamas, vicuñas y alpacas. Algunos extraen estaño, cobre, oro y plata. Otros plantan papa y cebada.

LOS TESOROS DE LA MONTAÑA

El carbón y los metales como el cobre, el zinc y el hierro, así como los minerales semi preciosos y preciosos, son valiosos recursos extraídos de las montañas. La simple roca sirve para la construcción.

A orillas de los montes Rocky, en Canadá, abundan las maderas blandas muy útiles como el álamo, el pino y el abeto. Las maderas duras o preciosas como la caoba, el ébano, el palisandro o el palo de rosa crecen en las montañas tropicales. Con los más variados tipos de madera se hacen barcos y muebles.

Los ríos de las montañas muy a menudo son contenidos en embalses para reserva de agua. Los rápidos torrentes hacen girar las turbinas eléctricas que generan la electricidad que abastece a ciudades y a países enteros, como la montañosa Suiza.

▼ Construcción de un dique en el Río Columbia, Canadá, destinado a almacenar agua para los habitantes de la ciudad.

▶ Una grúa carga los troncos en un remolque. Al talar los árboles de las faldas de las montañas no quedan raíces para absorber el agua de las lluvias que corre libremente, transformando el suelo en ríos y librando las laderas desnudas a la erosión. Con una mejor administración, la madera podría ser cortada en plantaciones especiales.

◀ Extracción de esmeraldas en las minas de los Andes, en Colombia. Las piedras son talladas y pulidas para hacer joyas.

RESERVAS DE LA MONTAÑA

La piedras preciosas como los diamantes, los rubíes, las esmeraldas, los zafiros, el cuarzo, el oro y el platino se extraen de minerales y rocas encontradas en las montañas.

El granito y el mármol se usan para construir edificios públicos, bancos y palacios. La pizarra se usa para hacer las tejas de los techos y la piedra caliza para hacer el cemento.

El cobre, el zinc y el hierro se extraen de la roca de la montaña y su uso es variado. Sirven para la construcción, las esculturas y para hacer joyas, herramientas y utensilios.

La madera blanda es importante en la construcción de edificios, la fabricación del papel y como combustible. La madera dura se usa para los muebles.

LAS MONTAÑAS EN PELIGRO

Los peligros que acechan a las montañas son innumerables. Los visitantes estivales desgastan los senderos y aplastan las plantas raras. Los cables de las telesillas y funiculares de las instalaciones de esquí dejan cicatrices profundas en las montañas.

Por todas partes las montañas forestales sufren de la destrucción y en muchos países industriales, las emanaciones de los autos y las fábricas **contaminan** la lluvia. Ésta **lluvia ácida** destruye los árboles. En Nepal se talan árboles para hacer combustible. Las raíces que quedan no pueden absorber el agua de la lluvia, que arrastra la tierra anegando todo a su paso y despojando la montaña de su vegetación.

Las minas también pueden destruir las montañas dejando sólo un horrible espectáculo de desechos. En Australia Occidental se han destruido montañas enteras para extraer hierro.

▲ En la Selva Negra, al sur de Alemania, árboles envenenados por la lluvia ácida. Los árboles pierden sus hojas, se secan y mueren.

▶ Estos desechos fueron dejados por los alpinistas del monte Everest. Mucha de esa basura es plástico, que nunca se descompone y se queda en la montaña durante muchos años.

LA EROSIÓN

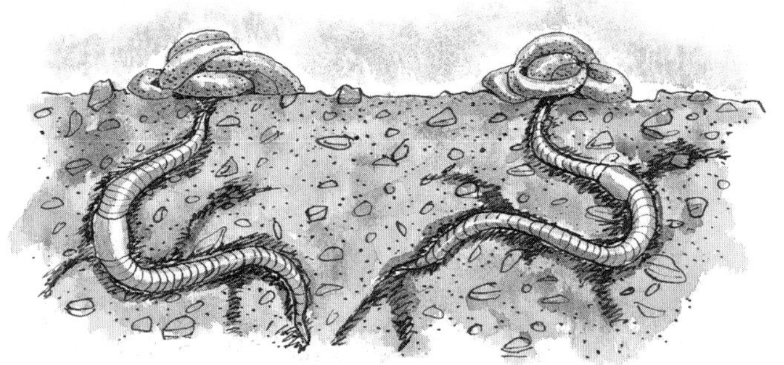

Las lombrices de tierra contribuyen a destruir la montaña. El aire y la lluvia viaja por los túneles destruyendo la roca interior. Los fragmentos de la roca suben a la superficie y son arrastrados lejos de allí.

En 1900, los bosques cubrían 40 por ciento de Etiopía. La tala de los árboles, las cosechas y el ganado terminaron desgastando la tierra. Hoy, los árboles sólo cubren 4 por ciento de las montañas de Etiopía, provocando sequías y hambrunas.

JAIX NEPAL

SALVEMOS LAS MONTAÑAS

En muchos países, la gente ha cambiado completamente el aspecto de las montañas locales. En algunas regiones de Grecia, por ejemplo, se cortaron bosques enteros y las ovejas y las cabras terminaron con la vegetación que quedaba. En las montañas ya no queda más que la roca desnuda y el viento y la lluvia han terminado su trabajo de erosión sobre un suelo sin protección.

Algunos países han creado parques nacionales para proteger sus montañas. Bosques enteros son ahora administrados de tal manera que cuando se corta un árbol se planta otro. El hábitat de los animales salvajes, las plantas y los pájaros es protegido contra los daños provocados por la gente y el mundo industrial. Gracias a ello, las montañas seguirán siendo zonas de gran belleza.

Debemos proteger todas las montañas del mundo contra los daños de larga duración que ocasionan la minería y la tala, y la erosión que éstas provocan. Las montañas juegan un papel muy importante en el clima y son el único sustento de una gran variedad de plantas y animales.

▲ El buey montaraz o takín vive en las laderas del Himalaya, en Nepal. Estos animales fueron durante mucho tiempo usados por los habitantes del lugar para transporte y alimentación. Los lugareños deben luchar para conservar su tradición y sus modos de vida montañeses.

◀ Un volcán emerge en la niebla gris del amanecer en Java, Indonesia. Nuevos volcanes se forman regularmente sobre la línea de las fallas de la corteza terrestre, mientras que otros se enfrían y se extinguen.

¿QUÉ PUEDES HACER?

Apoya las campañas ecológicas:

- Numerosos grupos hacen campaña para proteger las montañas y otras regiones en peligro. Lee sobre su trabajo en revistas y diarios, en la radio o en la televisión.
- Habla con tus amigos y familiares sobre la lluvia ácida y las montañas en peligro.
- Escribe al gobierno y pide que sus ministros luchen para proteger las montañas y prevenir la lluvia ácida.

Cuando salgas a caminar o a escalar montañas, sigue estas reglas esenciales:

- Usa los senderos indicados por los carteles.
- Nunca cortes flores silvestres.
- Trata de no pisar las plantas que crecen en la falda de la montaña.

CÓMO COYOTE ROBÓ EL FUEGO

Durante miles de años la gente ha contado historias del mundo que los rodea. A menudo esas historias tratan de explicar algo que la gente no comprende, como por ejemplo el origen del mundo. Esta historia, contada por indígenas de Norteamérica, trata de explicar cómo se descubrió el fuego en la cumbre de una montaña volcánica.

Hace mucho, mucho tiempo, cuando el mundo era joven, ocurrió que Coyote pasó un día por el campamento donde vivían los Humanos. El sol de mediodía brillaba sobre las primeras nieves del invierno y los Humanos estaban arracimados dentro de sus helados tipis porque el frío les impedía aventurarse por el mundo.

—Si sólo pudiéramos guardar en nuestros tipis durante el invierno, un pedacito del calor del verano —dijo uno de ellos estornudando y envolviéndose en su espesa manta para protegerse del viento helado. Su aspecto era de gran pesadumbre.

Coyote se apiadó de los Humanos. Su pelaje era espeso y caliente en el invierno. Fue así cómo se le ocurrió una idea para ayudarlos.

A la mañana siguiente salió de viaje y durante todo el día escaló la montaña vecina. Al llegar a la cima vio agazapadas a tres feroces criaturas que cuidaban un pequeño fuego.

Cuando Coyote se acercó, las tres feroces criaturas comenzaron a olfatear el aire de la montaña y a mirar a su alrededor con desconfianza. Y dijeron:

—¿Quién está allí? ¿Quién quiere robarnos el fuego? ¡Fuera!

Al ver a Coyote, de sus bocas salieron fuertes chiflidos y abrieron sus terribles garras para atraparlo. Coyote retrocedió y las criaturas volvieron a sentarse alrededor del fuego.

Pero Coyote no se había alejado mucho. Después de correr un poco volvió arrastrándose y se ocultó detrás de unos arbustos para observar.

Las tres feroces criaturas pasaron todo el día vigilando el fuego, pero al caer la noche, dos de ellas entraron en una cueva cercana. Unas horas más tarde, la criatura que se había quedado vigilando el fuego se acercó a la boca de la cueva y llamó a las otras.

Pronto llegó la segunda criatura y tomó su lugar. Más tarde, la segunda criatura fue a la boca de la cueva y llamó. Como no hubo respuesta, entró en la cueva y el fuego quedó sólo por unos minutos hasta que salió la tercera criatura.

Coyote observaba todo esto con interés. En realidad, se quedó observando a las tres feroces criaturas durante tres días enteros. Todos los días vigilaban el fuego, salvo unos minutos en la noche cuando las tres feroces criaturas entraban en la cueva. Esa era la única oportunidad.

La cuarta noche, Coyote estaba preparado. Cuando la segunda feroz criatura entró en la cueva para despertar a la tercera, corrió hacia el fuego y se apoderó de una rama ardiente con su boca. Luego descendió a toda velocidad la escarpada ladera de la montaña.

Mientras corría, escuchó los gritos de las feroces criaturas que habían descubierto la desaparición y lo estaban persiguiendo.

Coyote corrió y corrió, pero las feroces criaturas eran más veloces que él. Por fin una de ellas se acercó y logró atraparlo por la cola y con su horrible garra afilada quemó a blanco la punta de la cola de Coyote. Hasta hoy, los coyotes tienen una punta blanca en sus colas.

Cuando Coyote sintió la terrible garra en su cola, lanzó al aire la rama llameante. Ardilla salió corriendo de debajo de un árbol, atrapó la rama y bajó la montaña con ella. Las feroces criaturas la persiguieron.

Pero como corrían más rápido que ella, Ardilla sintió en su espalda el ardiente aliento que chamuscaba su pelaje. Hasta hoy, su cola se enrosca por el ardor.

Ardilla le tiró la rama a Chicarí, la ardilla listada, que salió corriendo montaña abajo con las feroces criaturas a sus espaldas.

Sólo tomó unos minutos a las feroces criaturas alcanzar a Chicarí. Ésta, sintió las garras de una de ellas que lo atrapaba por la espalda, pero logró escurrirse. Hasta hoy, las chicarís tienen rayas que le bajan por la espalda a causa de las terribles garras.

Al llegar al pie de la montaña, Chicarí arrojó la rama ardiente a Rana, pero la pobre Rana no podía correr muy rápido. Las feroces criaturas se le abalanzaron encima y una de ellas logró atraparla por la cola. Rana dio de un gran salto y se alejó de las garras de la criatura dejando atrás su cola. Hasta hoy, las ranas no tienen cola.

En cuanto logró alejarse de las feroces criaturas, Rana lanzó la rama en llamas a Leño, que se la tragó entera.

Las feroces criaturas no supieron que hacer. Estaban desesperadas: patearon y arañaron y golpearon a Leño, pero él se negó a devolver el fuego. Y como no quisieron abandonar, se quedaron sentadas cuatro días a su lado.

Pero Coyote sabía cómo sacar el fuego de Leño. Les enseñó a los Humanos cómo hacer girar una ramita entre sus manos, con la punta hacia abajo, frotándola en el agujero de un pedazo de madera hasta que el fuego apareciera. Luego, los Humanos aprendieron a alimentar la chispa con hierbas secas hasta que saliera una llama y así pudieron calentarse y no tuvieron frío nunca más.

¿VERDADERO O FALSO?

¿Cuáles de estos hechos son verdaderos y cuáles falsos?
Si has leído este libro con atención podrás contestar a las preguntas.

1. La capa exterior de la Tierra se llama Manto.
2. En otros tiempos, las placas terrestres encajaban las unas con las otras como un rompecabezas gigante.

3. Las montañas cubren la mitad de la superficie de la Tierra.
4. Muy a menudo, la faz de las montañas opuesta al mar recibe poca lluvia.

5. Las flores alpinas no tienen colores vivos para atraer a los insectos del lugar.
6. Los árboles de la montaña sólo pueden sobrevivir hasta la zona del límite de los árboles.
7. Las marmotas hibernan todo el año y pierden la mayor parte de su grasa.
8. Los macacos de Japón aprendieron a cocinar su comida en las aguas termales.

9. Los lapones del norte de Suecia crían bueyes montaraces para comida, piel y transporte.
10. Las esmeraldas se usan para hacer joyas por su espléndido color rojo.
11. El otro nombre para el takín es buey montaraz.

Respuestas: 1. F 2. V 3. F 4. V 5. F 6. V 7. F 8. V 9. F 10. F 11. V

GLOSARIO

● **Altitud** es la medida de la altura por encima del mar.

● **Avalancha** es causada cuando la pesada nieve se desliza por la ladera de una montaña. Puede destruir propiedades y herir a la gente y a los animales.

● **Caducos** son los árboles que pierden sus hojas en una estación fría o seca. No pueden vivir en zonas frías como las coníferas

● **Camuflaje** oculta a los animales en su medio ambiente para protegerlos de sus predadores y ayudarlos a capturar sus presas.

● **Coníferas** son los árboles que producen piñas y son siempre verdes. Se encuentran principalmente en el hemisferio Norte.

● **Contaminar** quiere decir envenenar el aire, el suelo o el agua. La causa a menudo son los desechos que produce la actividad industrial.

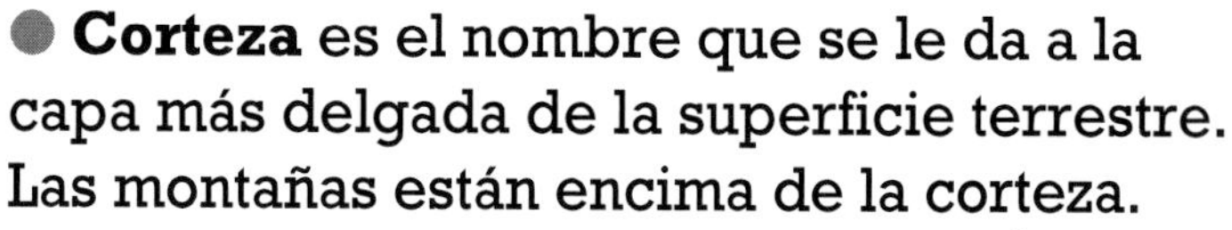

● **Corteza** es el nombre que se le da a la capa más delgada de la superficie terrestre. Las montañas están encima de la corteza.

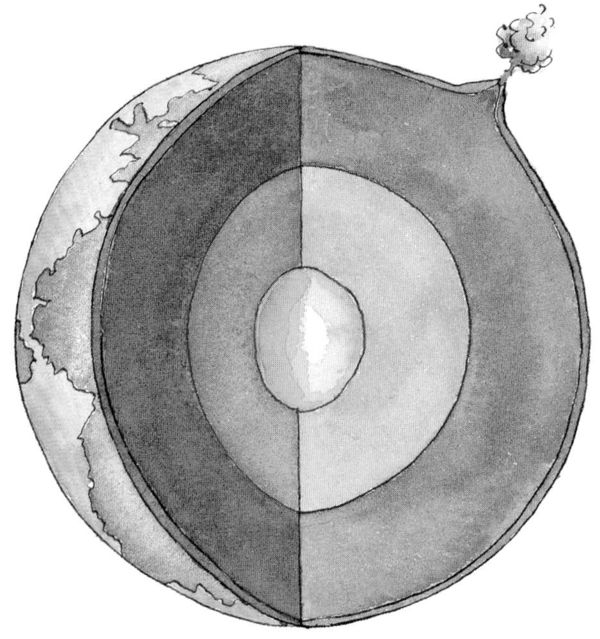

● **Ecuador** es la línea imaginaria que divide la Tierra en dos mitades iguales, el Norte y el Sur.

● **Erosión** quiere decir desgaste. Las montañas se erosionan por los efectos del viento, la lluvia, el hielo y la nieve.

● **Hibernación** es la manera en que algunos animales sobreviven al frío. Se alimentan durante los meses cálidos y duermen todo el invierno.

● **Latitud** es una línea trazada de Este a Oeste en un mapa.

● **Límite de los árboles** es el nivel en una montaña por encima del cual es demasiado frío y ventoso como para que crezcan los árboles.

● **Límite de nieves perpetuas** es el nivel en una montaña por encima del cual no sobrevive ninguna vegetación. Muy a menudo la nieve cubre esta región durante todo el año.

● **Lluvia ácida** es la lluvia contaminada por las substancias químicas que despiden las fábricas, los escapes de los autos y la quema de combustible. Puede envenenar los árboles y las plantas y erosionar la fachada de los edificios.

● **Manto** es la capa de roca que rodea el núcleo de la Tierra y está justo por debajo de la corteza.

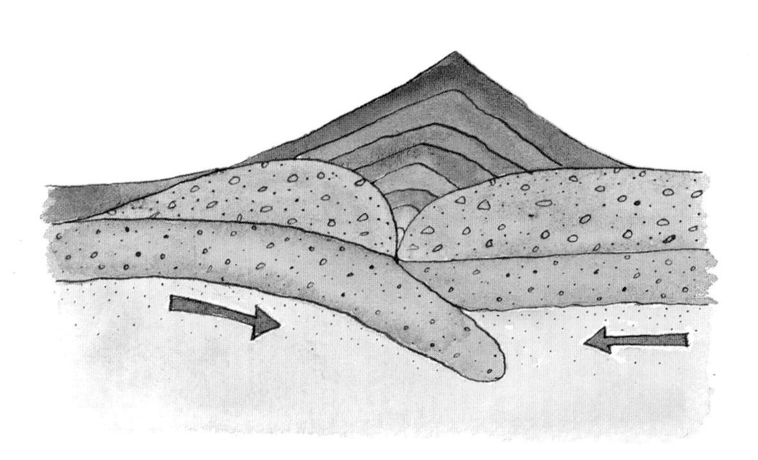

● **Montaña de bloque** es la que se forma cuando un bloque de roca sube a través de una falla en la corteza terrestre. Muy a menudo tiene una superficie plana en su cima, similar a un llano, llamada meseta.

● **Montañas de pliegues** es la que se forma cuando una roca, estrujada por los bordes de dos o más placas terrestres que chocan entre sí, es empujada hacia arriba.

● **Núcleo** es el centro de la Tierra. Se piensa que es sólido y muy posiblemente formado de hierro y níquel.

● **Placas** es uno de los grandes bloques de roca que forman la corteza terrestre.

● **Predador** es el animal que caza y mata otros animales para comer.

● **Siempre Verdes** las hojas crecen y caen de los árboles todo el año. Esto quiere decir que sus hojas siempre están verdes. A diferencia de los caducos, pueden crecer en climas fríos.

● **Volcán** es un agujero en la corteza de la Tierra por el cual se escapa el gas y la roca caliente y líquida, cubriendo las tierras cercanas.

ÍNDICE